Impressum
Verlag: BABADADA GmbH, Nedderfeld 112 , 22529 Hamburg
Geschäftsführer / Verlagsleitung: Harald Hof
Druck: Books on Demand GmbH, In de Tarpen 42, 22848 Norderstedt

Imprint
Publisher: BABADADA GmbH, Nedderfeld 112 , 22529 Hamburg, Germany
Managing Director / Publishing direction: Harald Hof
Print: Books on Demand GmbH, In de Tarpen 42, 22848 Norderstedt

1

classe
icyumba k'ishuri

dividir
kugabanya

186/2

tauler
ikibaho

pati (de l'escola)
ikibuga cyo gukiniramo

professor
umwarimu

paper
urupapuro

escriure
kwandika

estilogràfica
ikaramu

ori
amazu yo kwandikiraho

regle
iregere

llibre
igitabo

tudiant
anyeshuri bo mu mashuri abanza

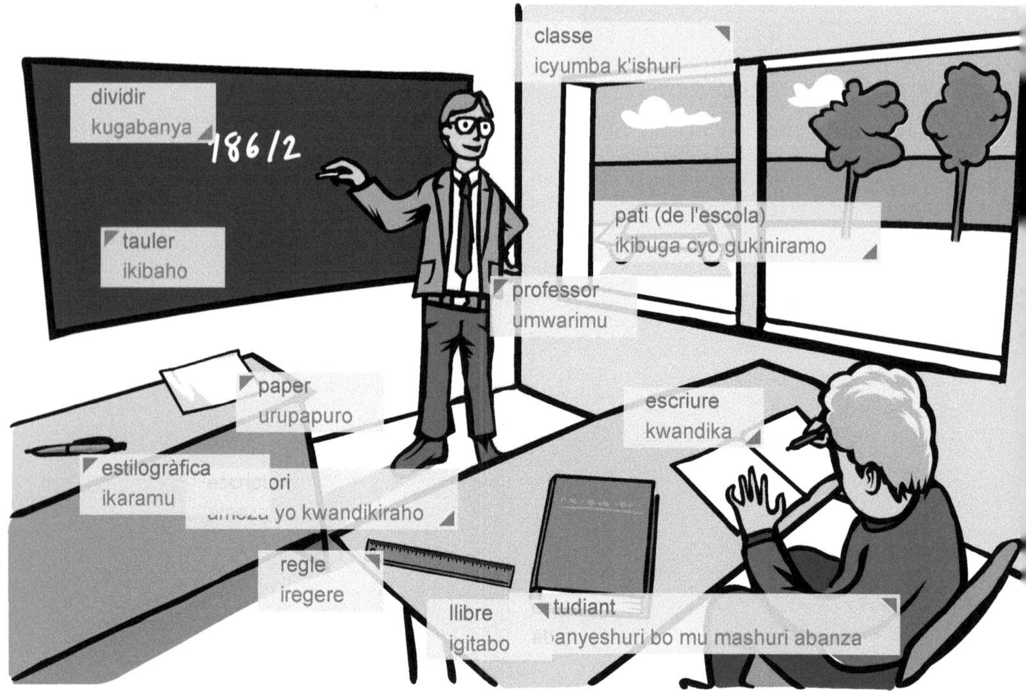

bossa
agahago k'ishuri

estoig
agasanduku k'amakaramu
y'igiti

llapis
ikaramu y'igiti

maquineta de fer punta
tayekereyo

goma
igome

bloc de dibuix
ikayi yo gushushanya

dibuix
igishushanyo

pinzell
uburoso bwo gusigisha

capsa de pintures
agasanduku k'amarangi
y'amabara

tisores
umukasi

cola
kore

quadern d'exercicis
ikayi y'imyitozo

deures
umukoro w'imuhira

12

nombre
umubare

2+2

afegir
guteranya

5-2

sostreure
gukuramo

2×2

multiplicar
gukuba

calcular
kubara

A

lletra
ibaruwa

**ABCDEFG
HIJKLMN
OPQRSTU
VWXYZ**

alfabet
inyuguti uko zikurikirana

mot
ijambo

text

umwandiko

llegir

gusoma

guix

ingwa

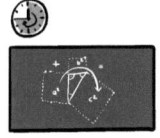

lliçó

isomo

llibre de classe

igitabo cyo
kwiyandikishamo

examen

ikizami

certificat

impamyabumenyi

uniforme escolar

umwambaro w'ishuri

formació

uburezi

enciclopèdia

inkoranyamagambo

universitat

kaminuza

microscopi

mikorosikope

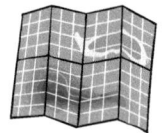

mapa

ikarita

paperera

pubere

viatge
urugendo

hotel
hoteli
Grand
alberg
inzu y'amacumbi
ROOMS
oficina de canvi
ku muvunjayi
CHANGE
maleta
ivarisi
automòbil
imodoka

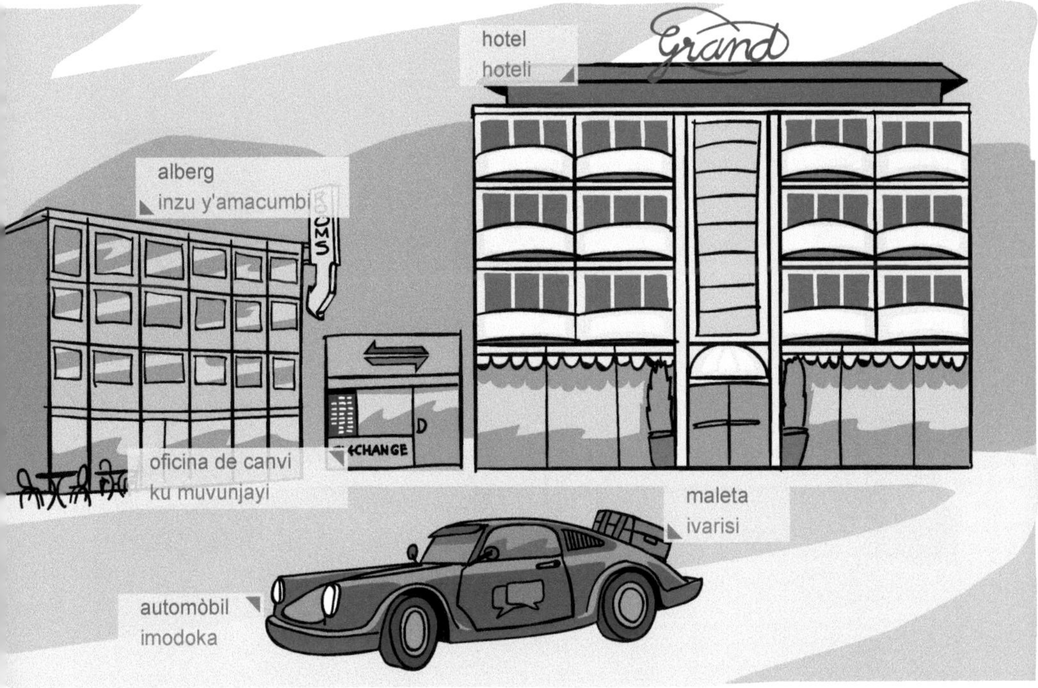

llengua
ururimi

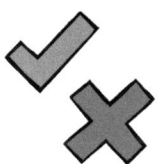

sí / no
yego / oya

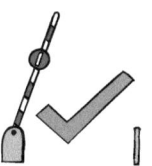

D'acord
Yego

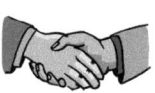

Ey!
bite

traductora
umusemuzi

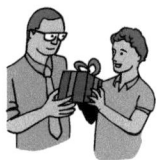

gràcies
Murakoze

Quant costa... ?

ni angahe...?

No entenc

Sinsobanukiwe

problema

ikibazo

Bona nit!

wiriwe!

bon dia!

Waramutse

bona nit!

Ijoro ryiza

fins aviat

bayi

direcció

ikerekezo

bagatge

imizigo

bossa

igikapo

sarrona

igikapo baheka

convidat

umushyitsi

cambra

icyumba

sac de dormir

agafuko baryamamo

tenda

ihema

oficina de turisme

amakuru y'ahasurwa na ba mukerarugendo

platja

ku musenyi wo ku mazi

carta de crèdit

ikarita ya banki

esmorzar

ifunguro ryo gusamura

dinar

ifunguro rya ku manywa

sopar

ifunguro rya nimugoroba

bitllet

itike

ascensor

asanseri

segell

itembure

frontera

umupaka

duana

gasutamo

ambaixada

ambasade

visat

viza

passaport

pasiporo

transport

gutwara abantu n'ibintu

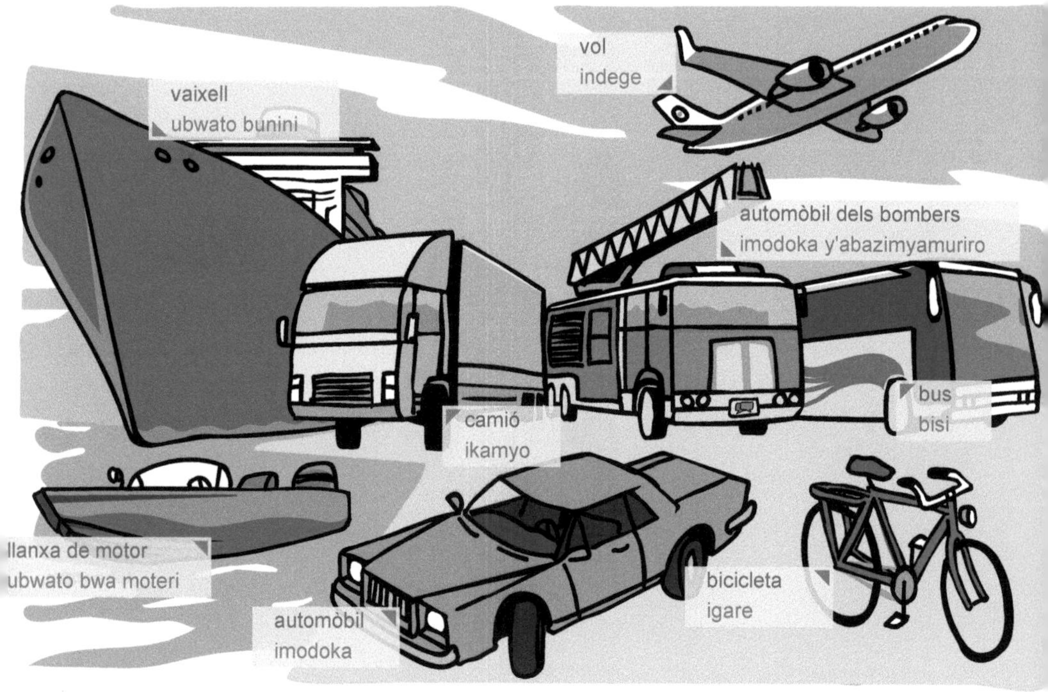

vol
indege

vaixell
ubwato bunini

automòbil dels bombers
imodoka y'abazimyamuriro

camió
ikamyo

bus
bisi

llanxa de motor
ubwato bwa moteri

automòbil
imodoka

bicicleta
igare

transbordador
ubwato bwambutsa imizigo
n'abantu

barca
ubwato

moto
ipikipiki

automòbil de policia
imodoka ya polisi

automòbil de curses
imodoka ya kuruse

automòbil de lloguer
imodoka ikodeshwa

vehicle compartit

gusangira imodoka

grua

imodoka iterura izindi

camió de les escombraries

imodoka iyora imyanda

motor

moteri

benzina

lisansi

benzineria

sitasiyo ya lisansi

senyal de trànsit

icyapa kiyobora imodoka

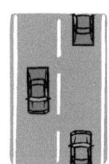

trànsit

urujya n'uruza rw'imodoka

embús

ambuteyaje

aparcament

parikingi y'imodoka

estació de trens

gare ya gariyamoshi

vies

inzira ya gariyamoshi

tren

gariyamoshi

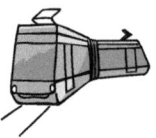

tramvia

bisi ikoresha
amashanyarazi

vagó

agatete k'imizigo gakururwa
n'imodoka

helicòpter

kajugujugu

aeroport

ikibuga k'indege

torre

umunara

passatger

umugenzi

contenidor

konteneri

capsa de cartó

ikarito

carretó

akagorofani ko mu iduka

cistella

agaseke

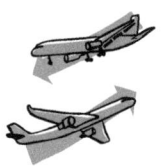

enlairar-se / aterrar

kuguruka / kururuka

ciutat

umugi

poble

umudugudu

centre de la ciutat

mu mujyi rwagati

casa

inzu

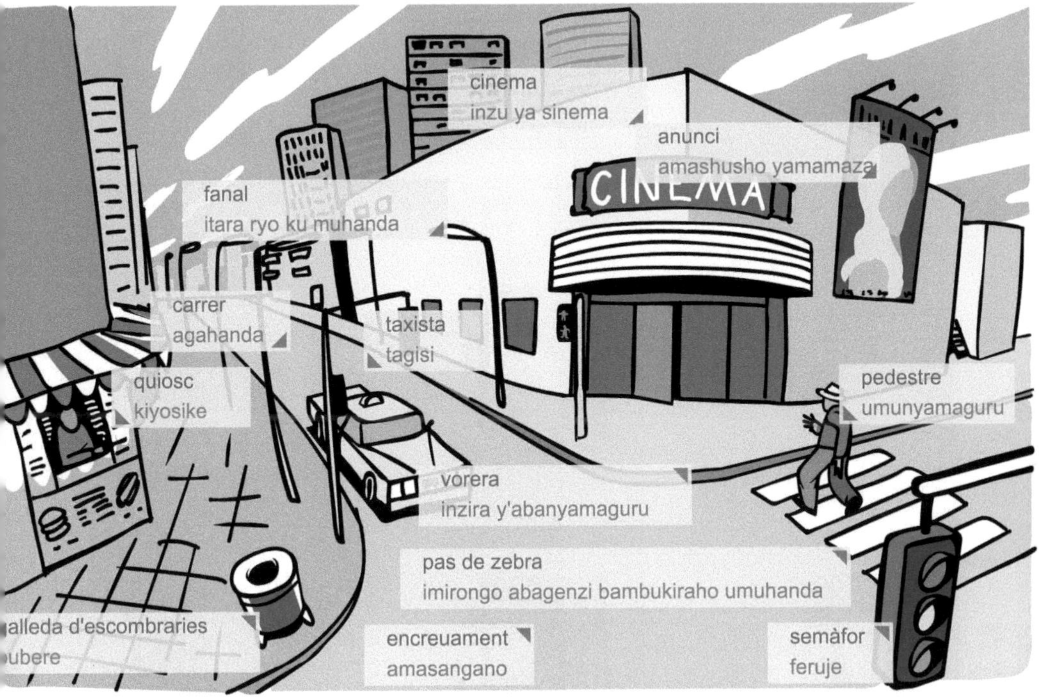

cinema
inzu ya sinema

anunci
amashusho yamamaza

fanal
itara ryo ku muhanda

carrer
agahanda

taxista
tagisi

quiosc
kiyosike

pedestre
umunyamaguru

vorera
inzira y'abanyamaguru

pas de zebra
imirongo abagenzi bambukiraho umuhanda

alleda d'escombraries
ubere

encreuament
amasangano

semàfor
feruje

cabana
akaruri

apartament
inzu ifatanye n'izindi

estació de trens
gare ya gariyamoshi

casa de la vila-ciutat
ibiro bya meya

museu
inzu ndangamurage

escola
ishuri

universitat

kaminuza

banca

banki

hospital

ibitaro

hotel

hoteli

farmàcia

farumasi

oficina

ibiro

llibreria

inzu bagurishirizamo ibitabo

botiga

iduka

floristeria

umucuruzi w'indabo

supermercat

amangazini manini

mercat

isoko

gran magatzem

idepo

peixateria

umucuruzi w'amafi

centre comercial

iduka rinini

port

icyambu

parc
parike

banc
intebe y'urubaho

pont
iteme

escala
amadarajya

metro
inzira yo munsi y'ubutaka

túnel
umuhanda wo munsi y'ubutaka

parada d'autobús
icyapa cya bisi

bar
bare

restaurant
resitora

bústia de correu
agasanduku k'amabaruwa

senyal indicador
icyapa cyo ku muhanda

parquímetre
mubazi ya parikingi

zoo
zoo

piscina
pisine

mesquita
umusigiti

granja
ifamu

pol·lució
kwangiza umwuka

cementiri
irimbi

església
ikiriziya

parc infantil
ikibuga k'imikino

temple
urusengero

paisatge
umurambi

fulla
ikibabi

cartell indicador
icyapa kiyobora

camí
inzira

prat
umukenke

pedra
ibuye

excursionista
umuntu utembera mu misozi

arbre
igiti

riu
umugezi

gespa
ibyatsi

flor
indabo

vall

ikibaya

muntanya

agasozi

llac

ikiyaga

bosc

ishyamba

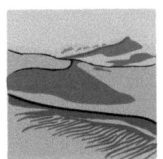

desert

ubutayu

volcà

ikirunga

castell

ingoro

arc de Sant Martí

umukororombya

bolet

icyobo

palmera

ikigazi

moscard

umubu

mosca

isazi

formiga

intozi

abella

uruyuki

aranya

igitagangurirwa

escarabat

ikivumvuri

granota

igikeri

esquirol

inkima

eriçó

imbuni

llebre

urukwavu

òliba

igihunyira

ocell

inyoni

cigne

igishuhe

senglar

isatura

cervo

ingeragere

ant

impongo

presa

urugomero

turbina

igipanga kikaraga kikazana
umuyaga

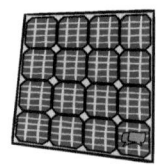

panell solar

urubaho rukurura imirasire

clima

ikirere

restaurant
resitora

cambrer
umuseriveri
menú
ibiryo byateguwe
cadira
intebe
sopa
isupu
pizza
piza
coberts
ibikoresho byo kumeza
tovalla
igitambaro cyo gutegura ku meza

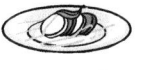

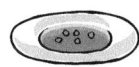

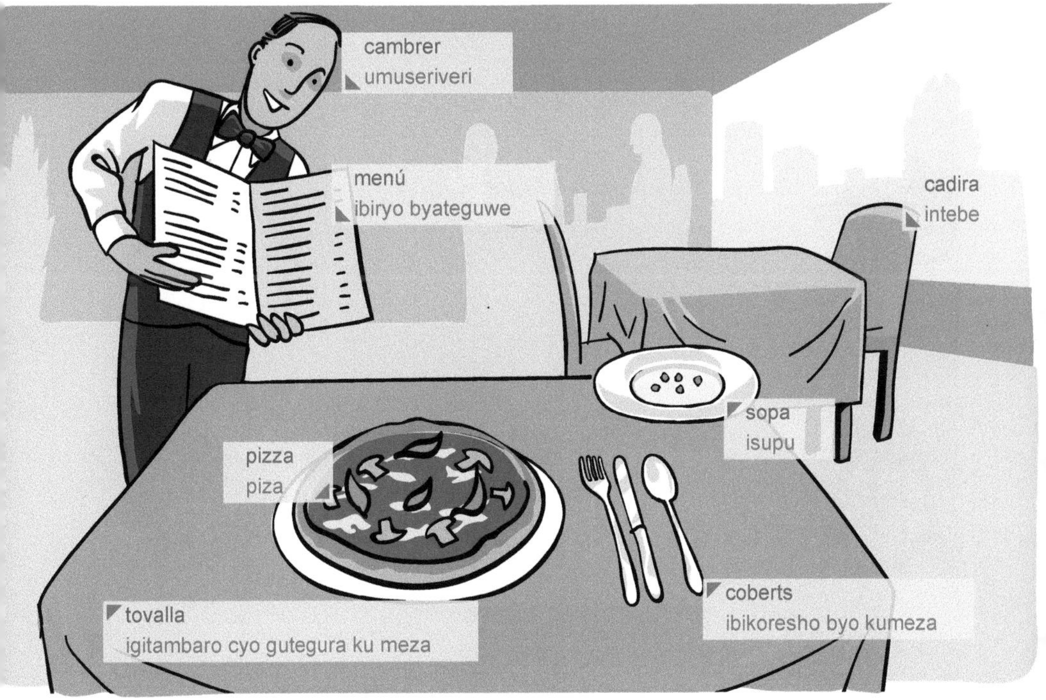

primer plat

aperitifu

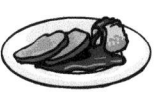

plat principal

isahani nkuru

darreries

deseri

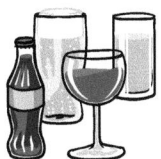

begudes

ibinyobwa

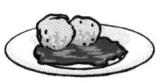

menjar

ibiribwa

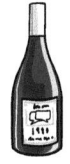

ampolla

icupa

menjar ràpid

ibiryo barya bagenda

menjar de carrer

ibiryo byo kumuhanda

tetera

ibirika y'icyayi

sucrer

agakombe k'isukari

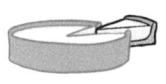

porció

isahani y'ibiryo

màquina d'espresso

imashini y'ikawa ya esipereso

trona

intebe ndende

factura

inyemezabuguzi

plata

ipurato

ganivet

icyuma

forqueta

ikanya

cullera

ikiyiko

cullereta

akayiko k'icyayi

tovalló

seriviyete

got

ikirahure cyo kunywesha

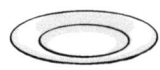

plat

isahani

plat de sopa

isahani y'isupu

plateret

agasutasi

salsa

isosi

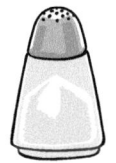

saler

agacupa k'umunyu

molinet de pebre

agasekuru k'urusenda

vinagre

vinegere

oli

amavuta

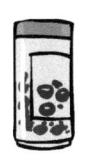

espècies

ibirunge

quètxup

kecapu

mostassa

mutaride

maionesa

mayonezi

supermercat

amangazini manini

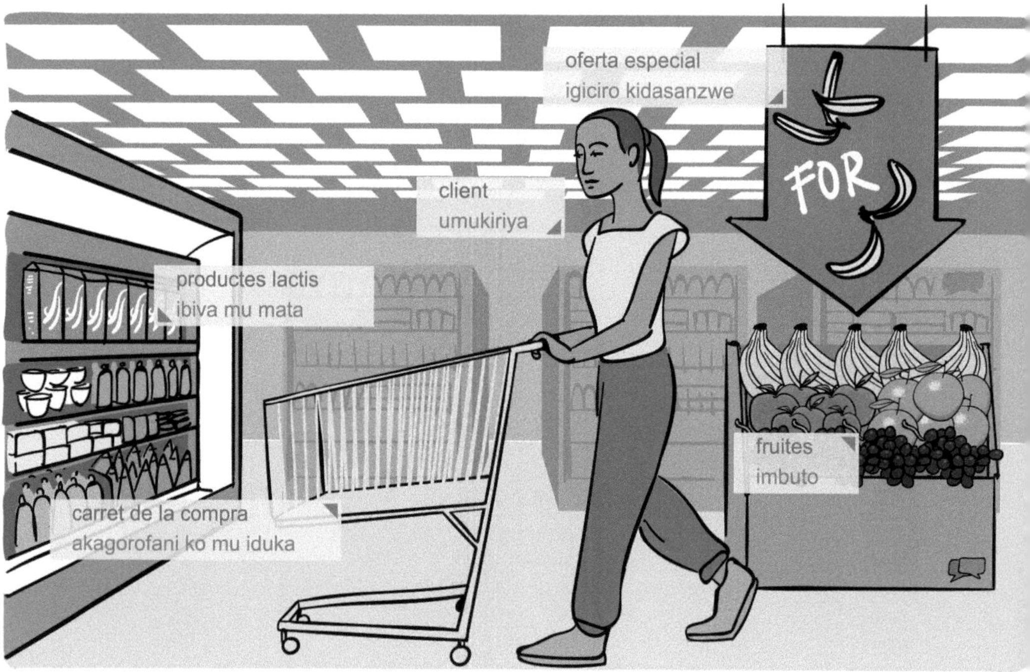

oferta especial
igiciro kidasanzwe
client
umukiriya
productes lactis
ibiva mu mata
FOR
fruites
imbuto
carret de la compra
akagorofani ko mu iduka

BUTCHERS

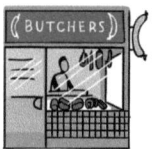

carnisseria

busheri

BAKERY

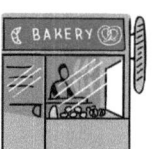

forn de pa

buranjeri

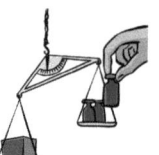

pesar

gupima ibiro

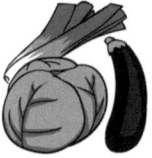

verdures

imboga

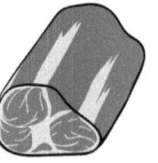

carn

inyama

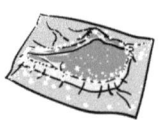

menjar congelat

ibiryo bakonjesheje

carn freda

inyama zikonje

conserves

ibiryo byo mu makopo

detergent en pols

isabune y'ifu

dolços

bombo

articles domèstics

ibikoresho byo mu rugo

productes de neteja

imiti isukura

venedora

umucuruzikazi

caixa registradora

kukesa

caixera

umubitsi

llista de la compra

urutonde rwo guhaha

horari d'obertura

amasaha haba hafunguye

portamonedes

ipotomoni

carta de crèdit

ikarita ya banki

bossa

umufuka

bossa de plàstic

imifuko ya pulasitike

aigua

amazi

suc

umutobe

llet

amata

coca-cola

koka

vi

divayi

cervesa

byeri

alcohol

inzoga

cacau

shokora ishyushye

te

icyayi

cafè

ikawa

espresso

ikawa ya esipereso

cappuccino

kapucino

banana

umuneke

poma

pome

taronja

icunga

síndria

wotameloni

llimona

indimu

pastanaga

karoti

all

tungurusumu

bambú

umugano

ceba

urutunguru

bolet

icyoba

avellanes

ubunyobwa

fideus

amakaroni

espaguetis

spageti

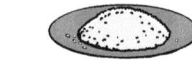

arròs

umuceri

amanida

salade

patates fregides

udufiriti

patates fregides

ibirayi by'ifiriti

pizza

piza

hamburguesa

hamburugeri

entrepà

sanduwici

escalopa

escalope

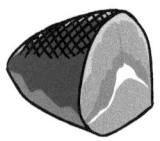

cuixot

jambo

salami

salami

salsitxa

sosiso

pollastre

inkoko

rostit

kotsa

peix

ifi

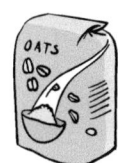

flocs de civada

igikoma cy'uburo

musli

pisitashi

cereals

impeke

farina

ifu

croissant

kuruwasa

panet

amandazi

pa

umugati

torrada

umugati wumishijwe

bescuits

ibisuguti

mantega

amavuta

mató

forumaje year

pastís

keke

ou

igi

ou fregit

umureti

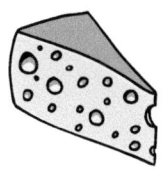

formatge

forumaje

gelat

ayisikirimu

sucre

isukari

mel

ubuki

melmelada

konfitire

crema de xocolata

shokora

curri

kiri

granja
ifamu

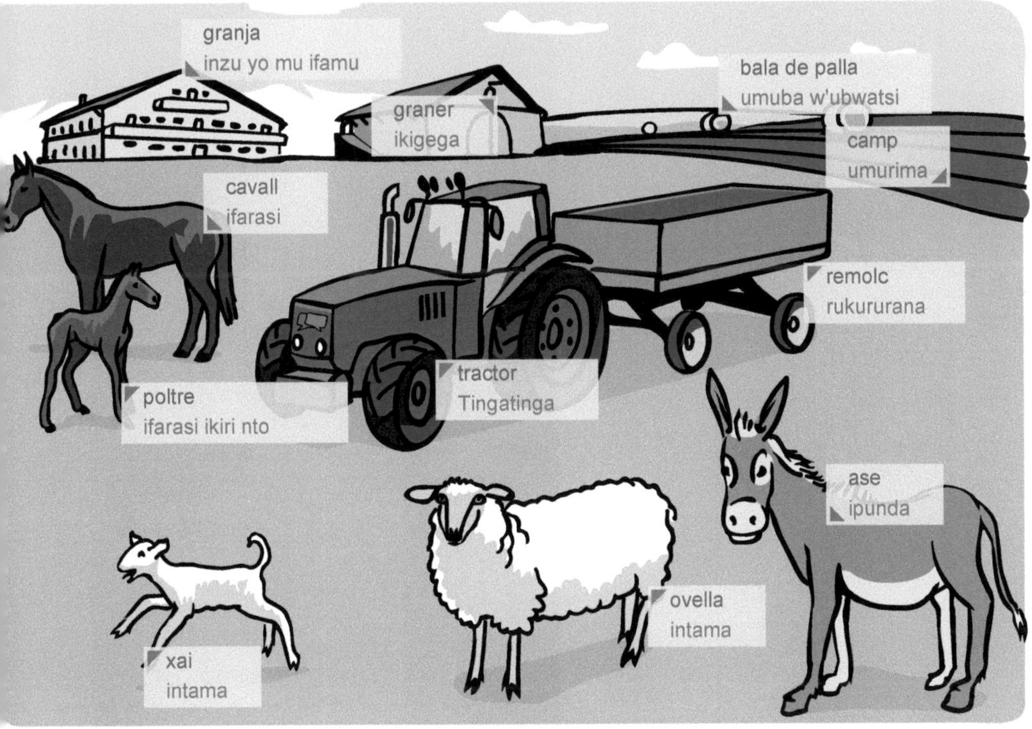

granja
inzu yo mu ifamu
graner
ikigega
bala de palla
umuba w'ubwatsi
camp
umurima
cavall
ifarasi
remolc
rukururana
tractor
Tingatinga
poltre
ifarasi ikiri nto
ase
ipunda
ovella
intama
xai
intama

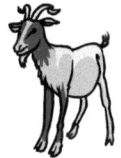

cabra

ihene

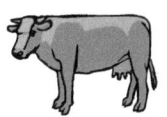

vaca

inka

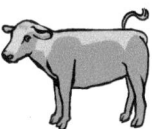

vedella

umutavu

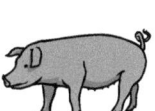

porc

ingurube

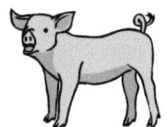

garrí

ikibwana k'ingurube

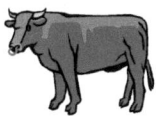

bou

ikimasa

oca

igishuhe

ànec

imbata

poll

umushwi

gall

inkokokazi

gallina

isake

rata

imbeba

gat

injangwe

ratolí

imbeba

bou

ikimasa

gos

imbwa

gossera

ikiruka

mànega de regar

itiyo ijyana mu karima

regadora

arozuwari

dalla

najuru

arada

imashini ihinga

falç
najuru

aixada
isuka

forca
rato

destral
ishoka

carretó
ingorofani

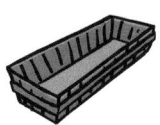

abeurador
ikibumbiro

lletera
inkongoro

sac
igunira

tanca
urugo

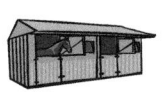

establa
ikiraro

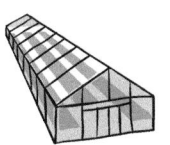

hivernacle
inzu ihingwamo

sòl
ubutaka

llavor
imbuto zo gutera

adob
ifumbire

collidora
imashini isarura

collir

gusarura

collita

umusaruro

nyam

ibikoro

blat

ingano

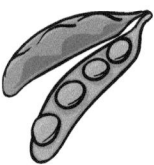

soja

soya

patata

ikirayi

blat de moro o d'indi

ikigori

colza

umwayi weze

arbre fruiter

igiti k'imbuto

mandioca

umwumbati

cereals

impeke

casa
inzu

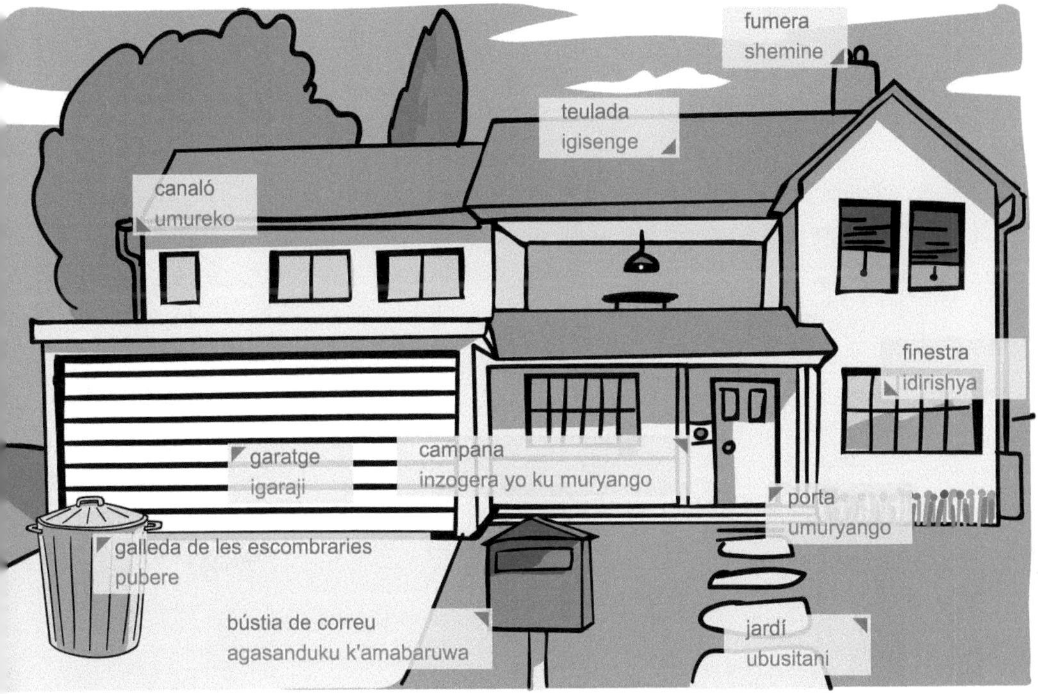

fumera
shemine
teulada
igisenge
canaló
umureko
finestra
idirishya
garatge
igaraji
campana
inzogera yo ku muryango
porta
umuryango
galleda de les escombraries
pubere
bústia de correu
agasanduku k'amabaruwa
jardí
ubusitani

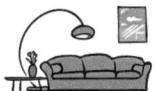

sala d'estar

icyumba cy'uruganiriro

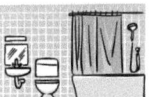

bany

ubwogero

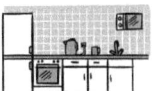

cuina

igikoni

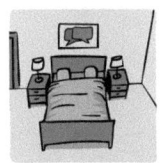

cambra de dormir

icyumba cyo kuraramo

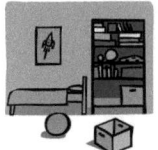

cambra de nen

icyumba cy'abana

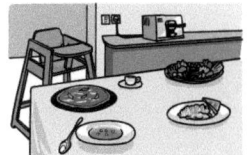

menjador

uburiro

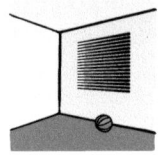

sòl
hasi

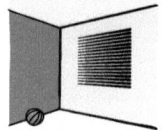

paret
urukuta

sostre
purafo

soterrani
kave

sauna
sawuna

balcó
urubaraza

terrassa
ku rubaraza

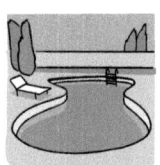

piscina
pisine

tallagespa
imashini ikupakupa

vànova
umwenda utwikira

cobrellit
kuvureri

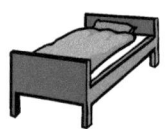

llit
igitanda

escombra
umweyo

galleda
indobo

interruptor
enteributeri

sala d'estar
icyumba cy'uruganiriro

paper de paret
urupapuro rwomekwa ku rukuta
quadre
ifoto
làmpada
itara
prestatge
etajere
armari
akabati
televisor
televiziyo
escalfapanxes
shemine
flor
indabo
coixí
umusego
sofà
ifoteyi nini
gerro
icyungo k'indabo
telecomanda
terekomande

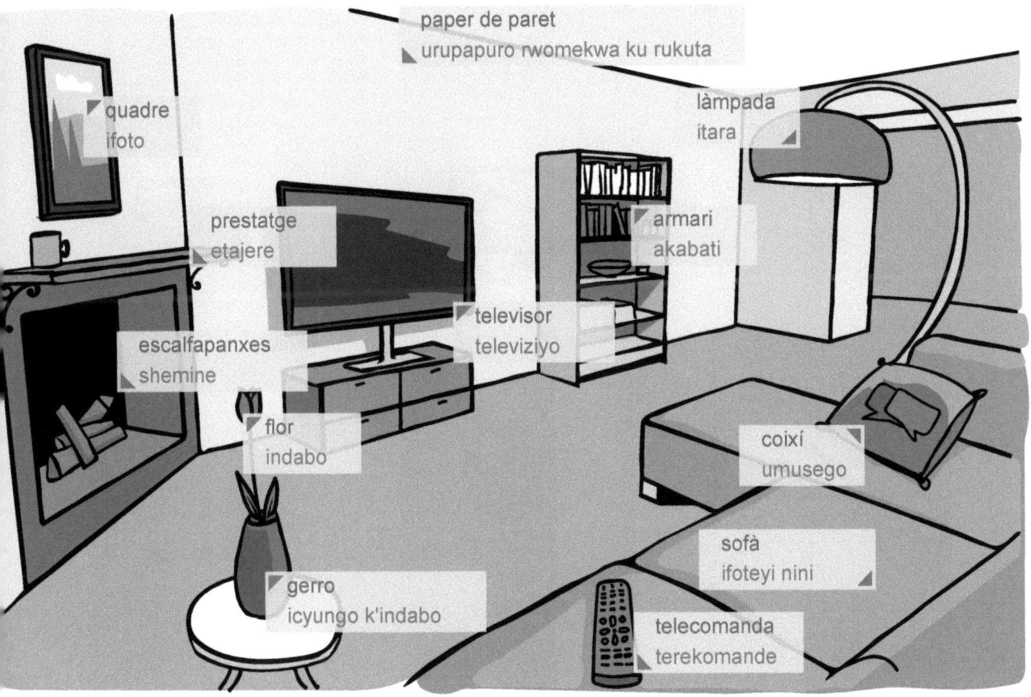

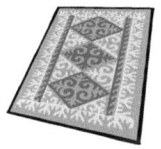

catifa

itapi

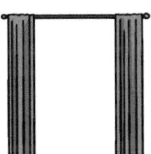

cortina

rido

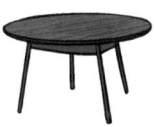

taula

ameza

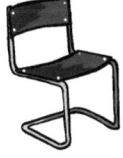

cadira

intebe

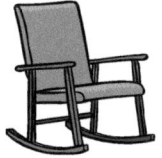

cadira gronxadora

intebe yizengurutsa

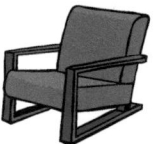

cadiral

ifoteyi

llibre

igitabo

llençol

uburingiti

decoració

umutako

llenya

inkwi

film

filimi

cadena de música

ibikoresho bya hifi

clau

urufunguzo

diari

ikinyamakuru

pintura

ishusho

cartell

icyapa

ràdio

iradiyo

bloc de notes

ikarine

aspiradora

umweyo wa kizungu
ukoresha umwka

cactus

ikimungu

candela

buji

cuina
igikoni

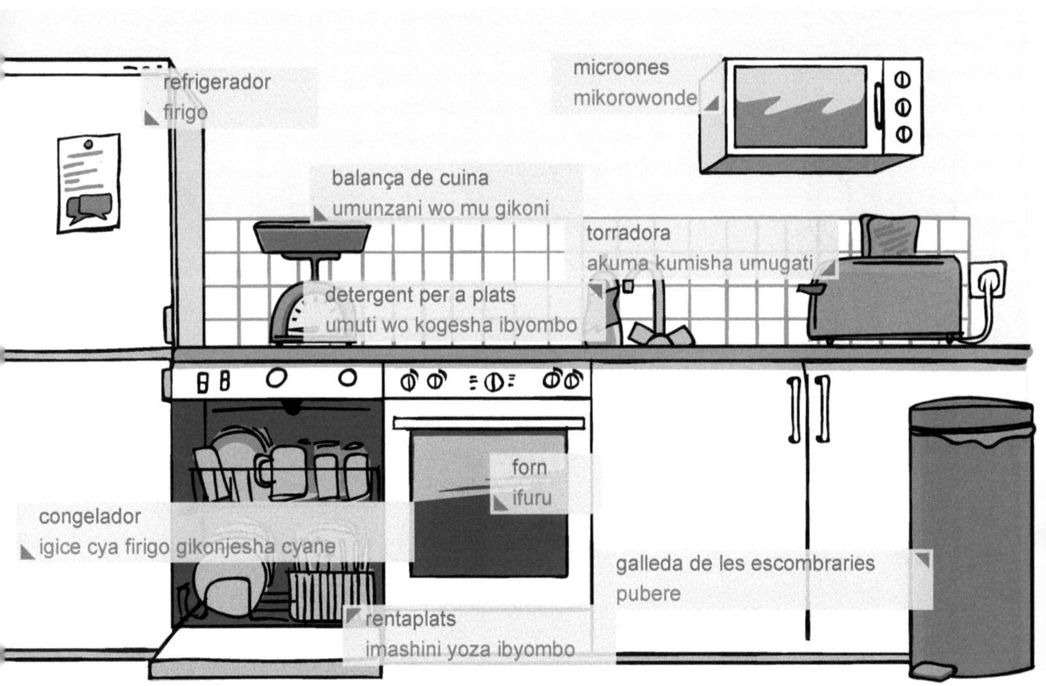
refrigerador
firigo
microones
mikorowonde
balança de cuina
umunzani wo mu gikoni
torradora
akuma kumisha umugati
detergent per a plats
umuti wo kogesha ibyombo
forn
ifuru
congelador
igice cya firigo gikonjesha cyane
galleda de les escombraries
pubere
rentaplats
imashini yoza ibyombo

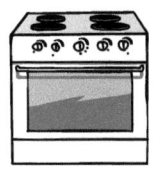

cuina de fogons

iziko

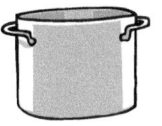

olla

icyungo

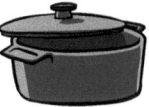

olla de ferro colat

inkono y'icyuma

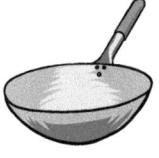

wok / karahi

ipanu ifukuye cyane

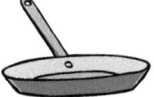

paella

ipanu

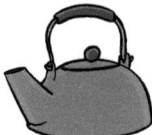

bullidor

ibirika

olla de vapor

isafuriya ya peresiyo

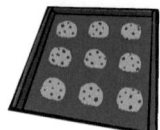

plata de forn

isahani yo mu ifuru

vaixella

ibyombo

tassa grossa

igikombe

bol

isorori

bastonets xinesos

uduti abashinwa barisha

culler

ikiyiko kigabura

espàtula

lkiyiko cyarura ifiriti

batedor

umutozo

colador

paswari

sedàs

akayunguruzo

ratllador

agaharuzo ka karoti

morter

isekuru

barbacoa

icyokezo

foc a terra

shomine

taula de tallar

akabaho ko gukatiraho imboga

corró

umwuko

llevataps

urufunguzo rwa divayi

pot de conserva

agakopo

obridor

urufunguzo rw'amakopo

agafador

umukondo w'icyungo

aigüera

ravabo

raspall

uburoso

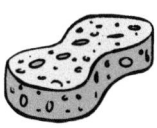

esponja

iponji

batedora

mixer

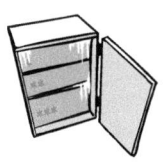

congelador

firigo itambitse

biberó

bibero

aixeta

robine

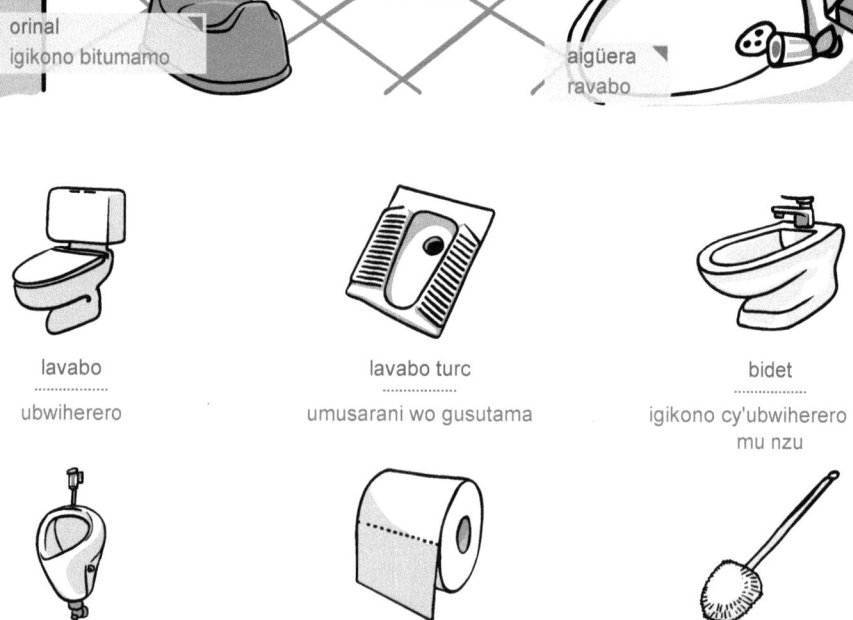

bany

ubwogero

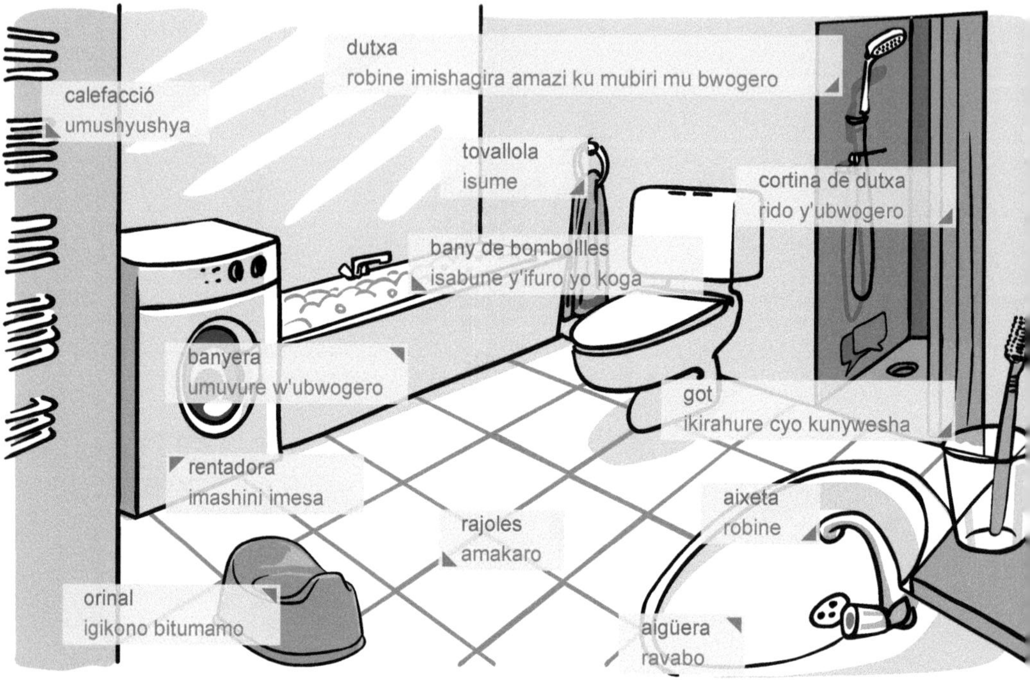

dutxa
robine imishagira amazi ku mubiri mu bwogero
calefacció
umushyushya
tovallola
isume
cortina de dutxa
rido y'ubwogero
bany de bombollles
isabune y'ifuro yo koga
banyera
umuvure w'ubwogero
got
ikirahure cyo kunywesha
rentadora
imashini imesa
aixeta
robine
rajoles
amakaro
orinal
igikono bitumamo
aigüera
ravabo

lavabo

ubwiherero

lavabo turc

umusarani wo gusutama

bidet

igikono cy'ubwiherero bwo mu nzu

orinador

aho bihagarika

paper higiènic

papiyejenike

escombreta de sanitari

uburoso bwo mu bwiherero

raspall de dents

uburoso bw'amenyo

pasta de dents

korogati

fil dental

akagozi ko kwihaganyuza amenyo

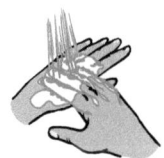

rentar

gukaraba

pom de dutxa

akamishagira amazi ku mubiri bafata mu ntoki

dutxa íntima

ubwogero bw'amazi yisuka

rentamans

lavabo bakarabiramo intoki

raspall per a l'esquena

uburoso bwo kwitsiritisha mu mugongo

sabó

isabune

gel de dutxa

isabune yo mu bwogero

xampú

isabune yo kumeshesha umusatsi

manyopla de bany

icyangwe cyo kwiyuhagiza

bonera

kuyobora amazi yanduye

crema

ikimuri

desodorant

umubavu

bany - ubwogero

mirall

ikirori cyo mu ntoki

mirall-espill de mà

ikirori cyo mu ntoki

maquineta de rasar

urwembe

espuma de barbejar

ifuro ryo kurinda imiburu

loció post-rasada

umuti ukingira imiburu

pinta

igisokozo

raspall

uburoso

eixugador

imashini yumisha umusatsi

laca

amarashi y'umusatsi

maquillatge

igishahuro cyo kwitera

pintallavis

rujalevure

esmalt d'ungles

verini y'inzara

cotó

ipamba

tallaungles

agasena inzara

perfum

umubavu

estoig de bellesa

agafuka k'ibikoresho byo
mu bwogero

tamboret

intebe

bàscula

umunzani

barnús

ikanzu yo kujyana mu
bwogero

guants de goma

udupfukantoki two
gusukuza

compresa higiènica

urubindo

compresa

udupapuro two
kwihanaguza mu bwiherero

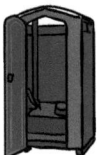

sanitari químic

ubwiherero bwimukanwa

cambra de nen
icyumba cy'abana

despertador
inzogera y'isaha ikangura
animal de peluix
igipupe gikoze mu myenda
auto de joguina
udukinisho tw'imodoka
sonall
ikinyuguri
casa de nines
inzu y'ibipupe
present
impano

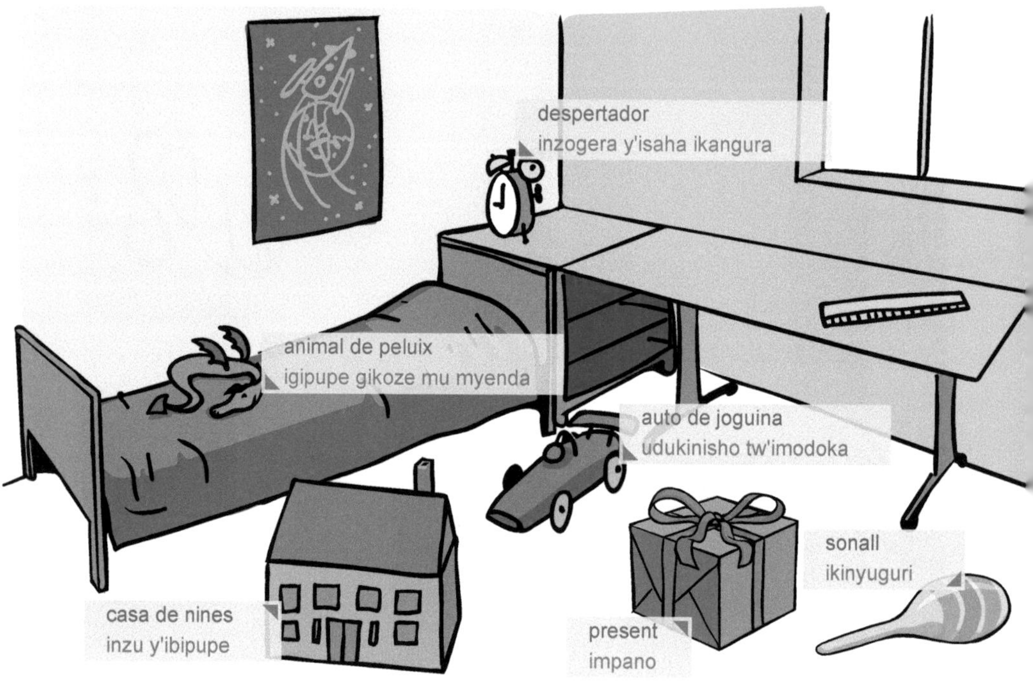

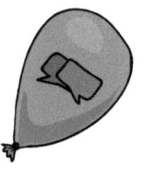

baló
ballon

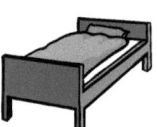

llit
igitanda

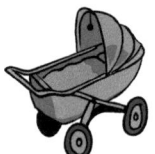

cotxet per a nens
agapusipusi

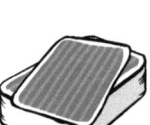

joc de cartes
amakarita

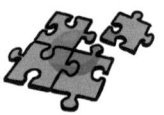

trencaclosca
kubaka ishusho bacagaguye

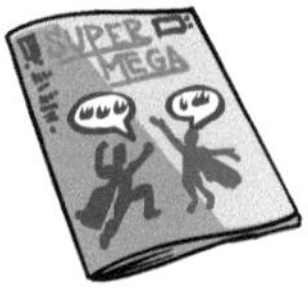

historieta
inkuru isetsa

peces de lego

gucomekanya udutafari

ninot d'acció

igikinisho

peces de construcció

udutafari tw'udukinisho

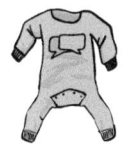

granota

ipinjama y'uruhinja

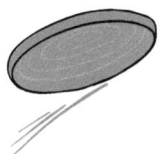

frisbee

gutera indege

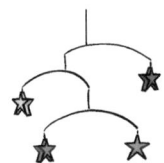

mòbil per a bressol

terefoni ngendanwa

joc de taula

imikino yo kuganiriraho

daus

igisoro

tren elèctric

gariyamoshi y'igikinisho

xumet

ikinyonyo

festa

umunsi mukuru

llibre de dibuixos

arubumu

pilota

umupira

nina

agapupe

jugar

gukina

sorrera

igikarito cy'umucanga

gronxador

urwicundo

joguines

ibikinisho

consola de jocs de vídeo

agasanduku k'imikino yo kuri videwo

tricicle

akagare k'imipine itatu

osset de peluix

igipupe k'ibyoya

armari

akabati k'imyenda

roba

imyambaro

mitjons

amasogisi

mitges

amasogisi afatanye n'ikariso

mitja pantaló

kora

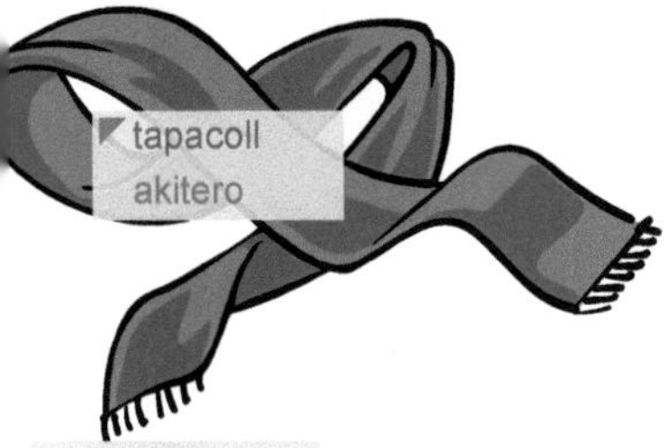

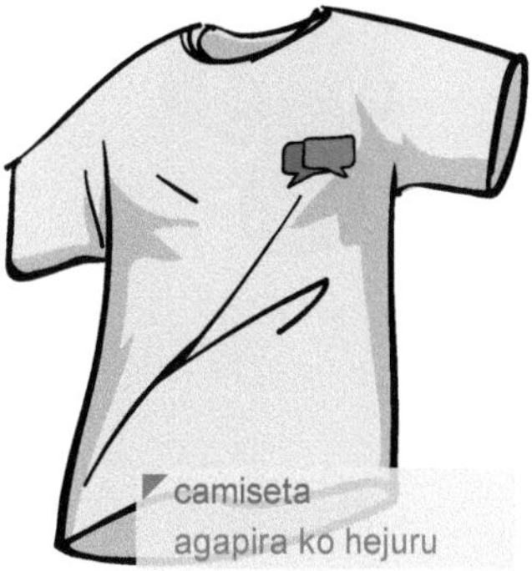

tapacoll
akitero

cintura
umukandara

paraigua
umutaka

camiseta
agapira ko hejuru

sabates d'esport
superese

botes
bote

plantofes
inkweto zo kubyukana

sandàlies
....
isandari

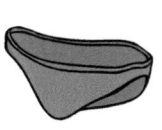

sabates
....
inkweto

botes de goma
....
bote za kawucu

calçonets
....
imyenda y'imbere

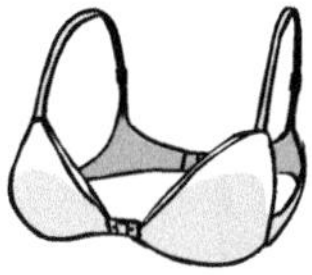

sostenidor
....
isutiye

guardapits
....
isengeri

jjustacòs
body

pantalons
ipantalo

jeans
ikoboyi

faldeta
ijipo

brusa
ishati y'abagore

camisa
ishati

jersei
umupira w'imbeho

dessuadora
umupira w'ingofero

blazer
agakoti

jaqueta
ijaketi

mantell
ikoti

impermeable
ikoti ry'imvura

vestit de dona
umwambaro w'ibikino

vestit de dona
ikanzu

vestit de núvia
ikanzu y'abageni

vestit d'home
kostitimu

camisa de dormir
ikanzu yo kurarana

pijama
ipinjama

sari
umukenyero w'abahindikazi

mocador de cap
igitambaro cyo mu mutwe

turbant
urugori

burca
umwitandiro uhisha isura

caftan
ikanzu ndende

abaia
igishura

vestit de bany
imyenda yo
kwidumbaguzanya

calçon(et)s de bany
ikariso yo
kwidumbaguzanya

pantalons curts
ikabutura

xandall
tereningi

davantal
itaburiya

guants
udupfukantoki

botó

igipesu

ulleres

amadarubindi

braçalet

igikomo

collaret

umukufi

anell

impeta

orellera

iherena

casquet

ingofero

penjador

porutemanto

capell

ingofero

corbata

karuvati

cremallera

imashini yo ku mwenda

casc

kasike

elàstics

amaburuteri

uniforme escolar

umwambaro w'ishuri

uniforme

impuzankano

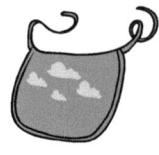

pitet

agakingirankonda

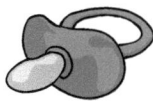

xumet

ikinyonyo

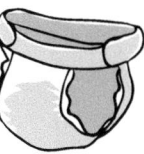

bolquer

amaranje

oficina

ibiro

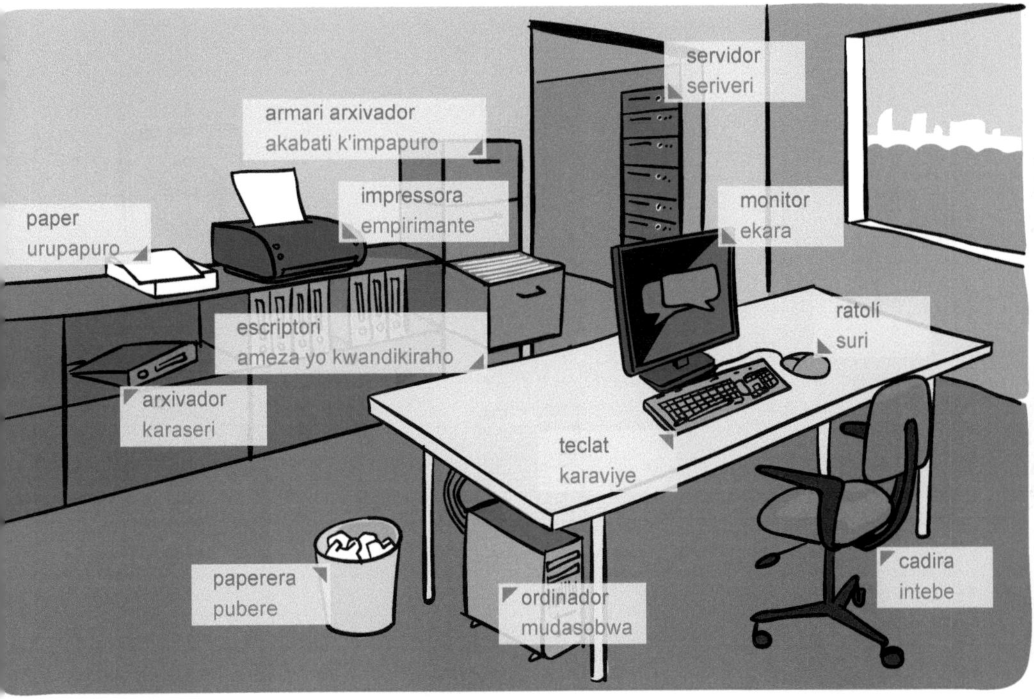

servidor
seriveri
armari arxivador
akabati k'impapuro
impressora
empirimante
monitor
ekara
paper
urupapuro
ratolí
suri
escriptori
ameza yo kwandikiraho
arxivador
karaseri
teclat
karaviye
paperera
pubere
cadira
intebe
ordinador
mudasobwa

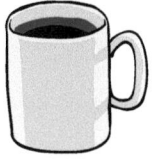

tassa de cafè

igikombe k'ikawa

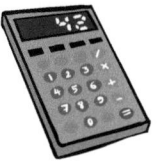

calculadora

akabarisho

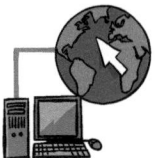

Internet

enterineti

ordinador portàtil

laputopu

lletra

ibaruwa

missatge

ubutumwa

mòbil

ngendanwa

xarxa

netiwake

fotocopiadora

fotokopiyeze

programari

porogaramu

telèfon

telefoni

presa de corrent

purize

fax

imashini yohereza fagisi

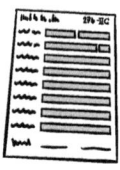

formulari

fomu

document

inyandiko

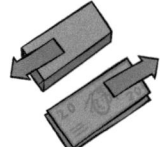

comprar
kugura

pagar
kwishyura

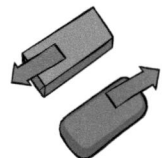

comerciar
gucuruza

diners
amafaranga

USD

dòlar
idorari

EUR

euro
iyero

JPY

ien
iyeni

RUB

ruble
irubure

CHF

franc suís
ifaranga ry'irisuwisi

CNY

renminbi
iriyuwani

INR

rupia
irupi

caixa automàtica
icyuma cya banki
babikurizaho

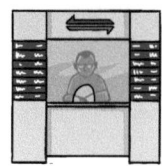

oficina de canvi

ku muvunjayi

or

zahabu

argent

feza

petroli

peteroli

energia

ingufu z'amashanyarazi

preu

igiciro

contracte

kontaro

impost

tagisi

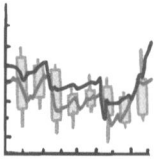

acció

isoko ryo kugura no kugurisha

treballar

gukora

treballador

umukozi

empresari

umukoresha

fàbrica

uruganda

botiga

iduka

oficis
imirimo

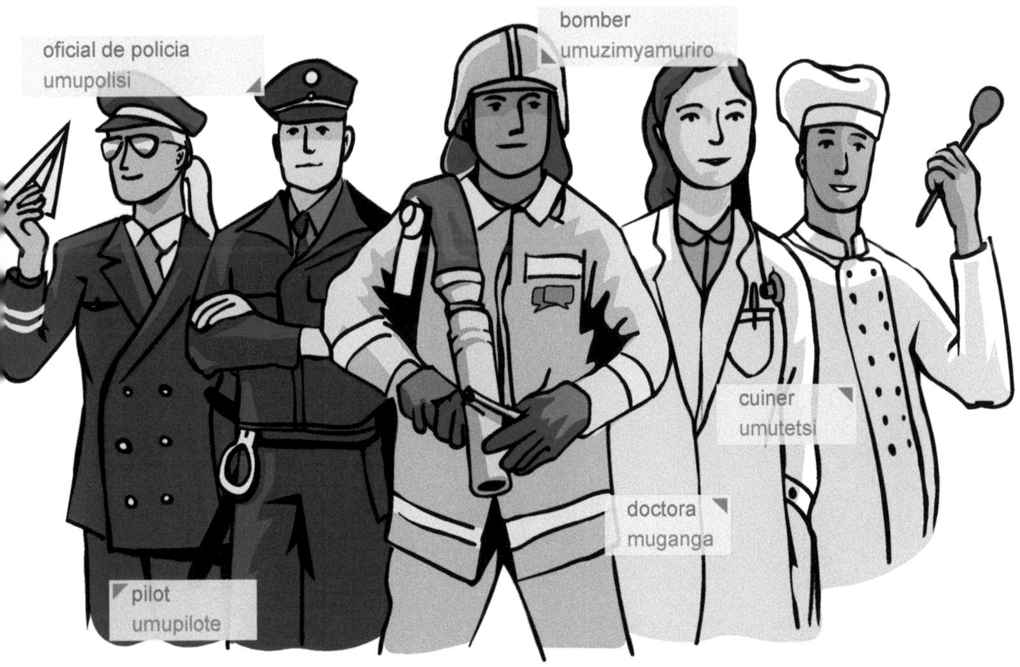
oficial de policia
umupolisi
bomber
umuzimyamuriro
cuiner
umutetsi
doctora
muganga
pilot
umupilote

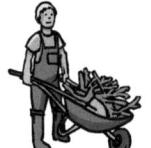

jardiner

umujaridiniye

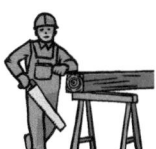

fuster

umubaji

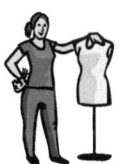

costurera

umudozi

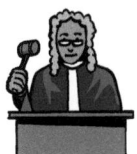

jutge

umucamanza

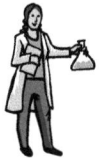

química

umunyabutabire

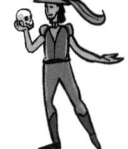

actor

umukinnyi wa filimi

conductor d'autobús

umushoferi wa bisi

taxista

umushoferi wa tagisi

pescador

umurobyi

dona de la neteja

umugore ushinzwe gukora isuku

ensostrador

umufundi usakara

cambrer

umuseriveri

caçador

umuhigi

pintor

umuntu usiga irangi

forner

Umuntu ukora imigati

electricista

Umuntu ukora mu mashanyarazi

obrer de la construcció

umufundi

enginyer

injenyeri

carnisser

umubazi

llanterner

umutnu ukora mu mazi

correu

umuparanto

soldat
umusirikare

arquitecte
umwubatsi

caixera
umubitsi

florista
umuntu ukora mu by'indabo

perruquer
kimyozi

revisor
komvuwayeri

mecànic
umukanishi

capità
kapiteni

dentista
muganga w'amenyo

científic
umuhanga muri siyansi

rabí
rabi

imam
imamu

monjo
umumwane

capellà
umuyobozi w'idini

eines
ibikoresho

martell
inyundo
tenalles
igifashi
descaragolador
turunevisi
clau anglesa
isupani
llanterna
itoroshi

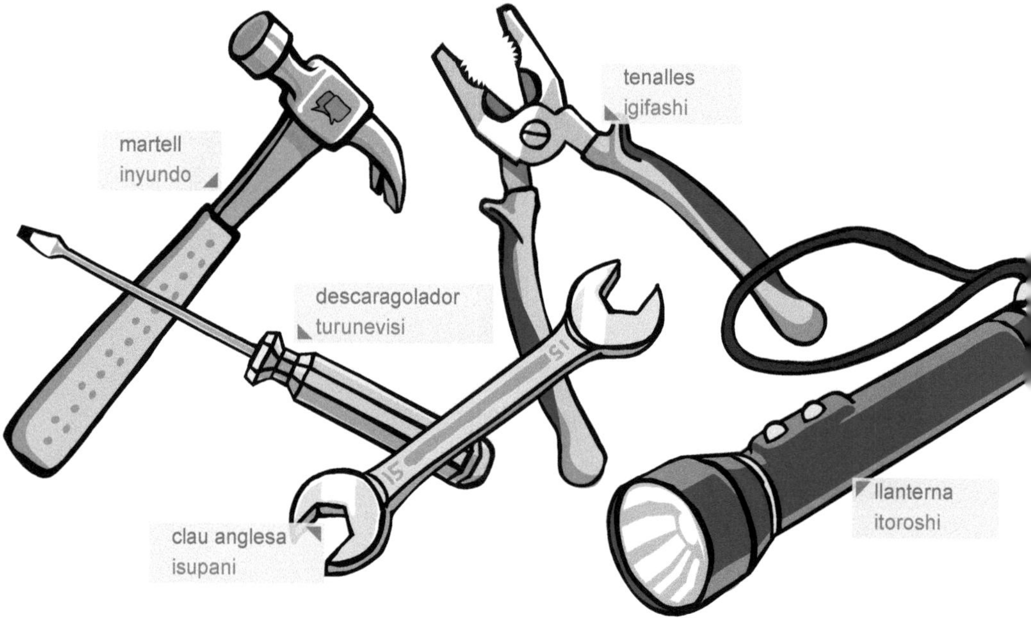

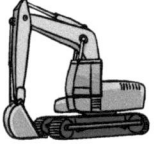

excavadora

ipiki

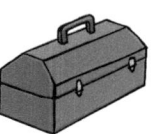

caixa d'eines

isanduku y'ibikoresho

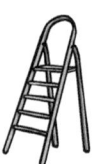

escala

urwego

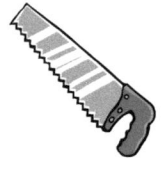

serra

urukero

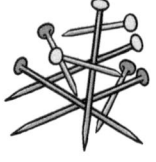

claus

imisumari

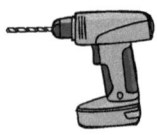

trepant

itindo

reparar

gusana

pala

igitiyo

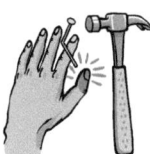

Maleït siga!

wo gacwa we

pala

igitiyo

pot de pintura

igikombe k'irangi

caragols

amavisi

instrument de música
ibyuma by'umuziki

altaveu
umuzindaro

bateria
ingoma z'ikizungu

guitarra
gitari

contrabaix
gitari y'ijwi ryo hasi

trompeta
urumbeti

piano
piyano

violí
iningiri

baix
gitari idunda

timbal
sembare

tambor
ingoma

teclat
inanga ya kizungu

saxofon
sagisofone

flauta
umwirongi

micròfon
indangururamajwi

ZOO

ZOO

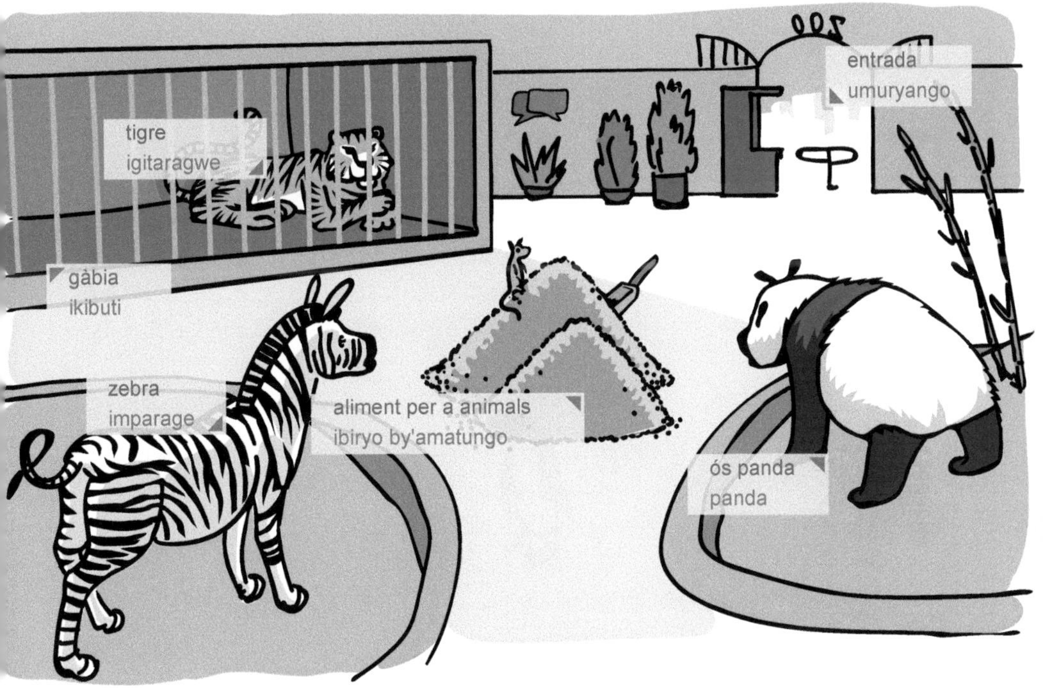
tigre
igitaragwe
gàbia
ikibuti
zebra
imparage
aliment per a animals
ibiryo by'amatungo
entrada
umuryango
ós panda
panda

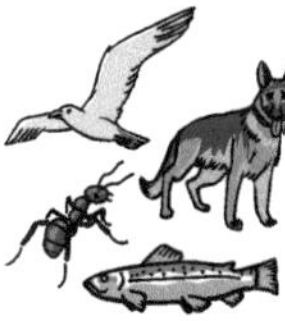

animals

inyamaswa

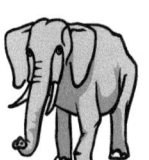

elefant

inzovu

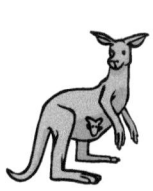

cangurú

kanguru

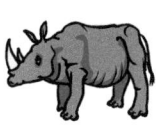

rinoceront

inkura

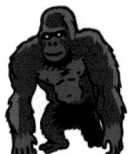

goril·la

ingagi

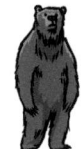

ós

idubu

camell

ingamiya

estruç

imbuni

lleó

intare

simi

inguge

flamenc

uruyongoyongo

papagai

gasuku

ós polar

idubu yo mu bukonie

pingüí

inyoni yo ku mazi

ca mari

igifi kinini

paó

inyoni y'amasunzu

serp

inzoka

cocodril

ingona

guardià del zoo

umurinzi

foca

umuhuri

jaguar

ingwe

poni

icyana k'ifarasi

lleopard

ingwe

hipopòtam

imvubu

girafa

umusumbarembo

àliga

inkona

senglar

isatura

peix

ifi

tortuga

akanyamasyo

morsa

igifi k'imikaka

guineu

umuhari

gasela

isha

futbol americà
Futuboro y'abanyamerika

ciclisme
gusiganwa ku magare

tenis
tenisi

bàsquet
Basiketi

natació
umukino wo koga

boxa
umukino w'amakofe

hoquei sobre gel
Hoke yo ku rubura

futbol americà
umupira w'amaguru

bàdminton
umukino wa badminton

atletisme
abakina imikino
ngororamubiri

handbol
handibolo

esquí
guserereka kuri neje

polo
polo

activitats
ibikorwa

riure
guseka
saltar
gusimbuka
abraçar
guhobera
anar
kugenda
cantar
kuririmba
somiar
kurota
pregar
gusenga
fer un petó
gusomana

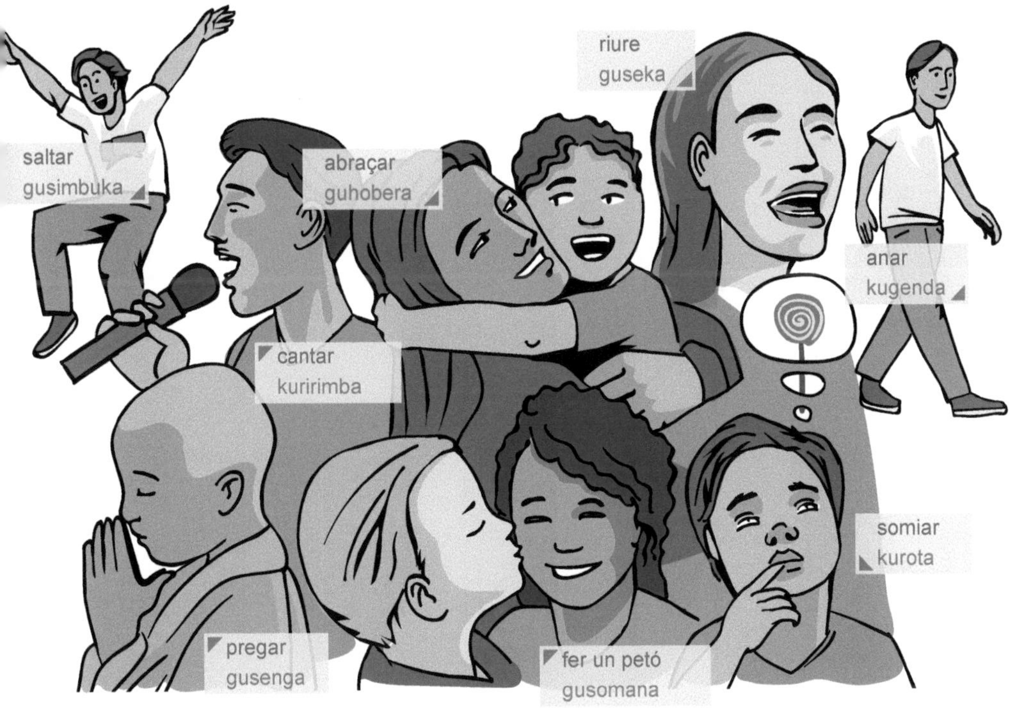

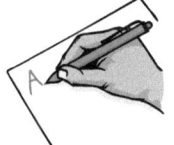

escriure

kwandika

dibuixar

gushushanya

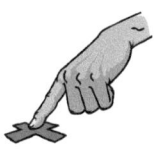

mostrar

kwerekana

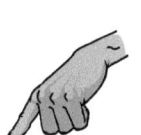

pitjar

gusunika

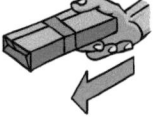

donar

gutanga

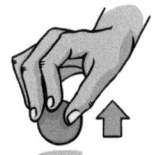

prendre

gufata

tenir

kugira

fer

gukora

ésser

kuba

estar dret

guhaguruka

córrer

kwiruka

estirar

gukurura

llançar

kujugunya

caure

kugwa

jeure

kuryama

esperar

gutegereza

portar

kwikorera

asseure's

kwicara

vestir-se

kwambara

dormir

gusinzira

despertar-se

gukanguka

mirar

kureba

plorar

kurira

amoixar

kwagaza

pentinar

gusokoza

parlar

kuvuga

comprendre

gusobanukirwa

demanar

kubaza

escoltar

kumva

beure

kunywa

menjar

kurya

endreçar

gushyira ku murongo

estimar

gukunda

cuinar

guteka

conduir

gutwara imodoka

volar

kuguruka

navegar

kugashya

calcular

kubara

llegir

gusoma

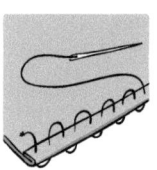

aprendre

kwiga

treballar

gukora

casar-se

kurongora

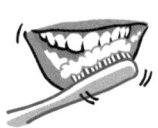

cosir

kudoda

raspallar-se les dents

uburoso bw'amenyo

matar

kwica

fumar

kunywa itabi

enviar

kohereza

família

umuryango

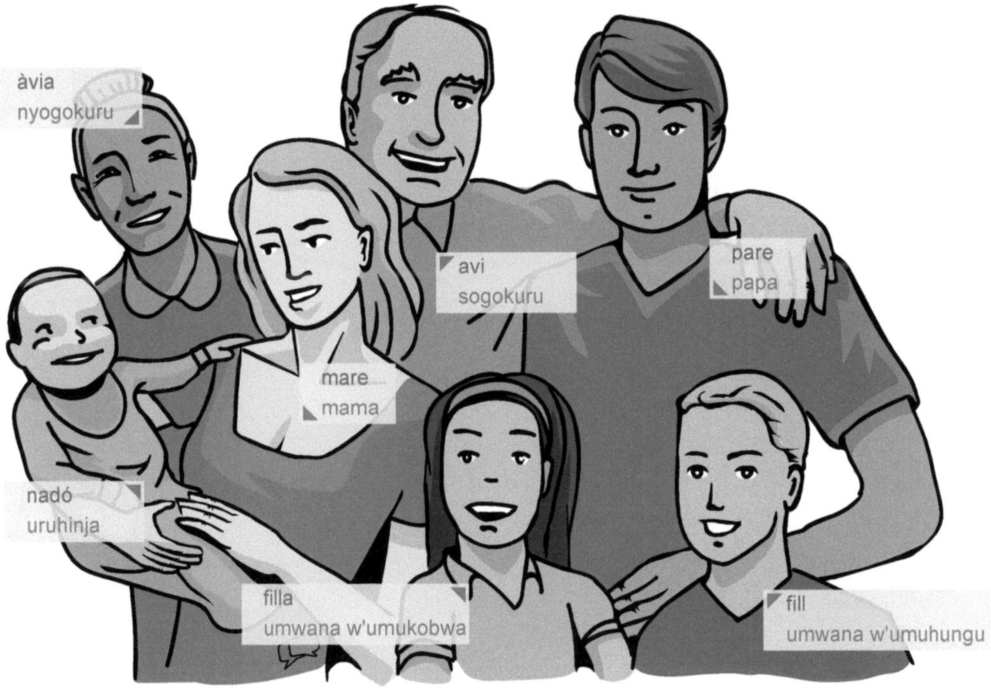
àvia
nyogokuru
avi
sogokuru
pare
papa
mare
mama
nadó
uruhinja
filla
umwana w'umukobwa
fill
umwana w'umuhungu

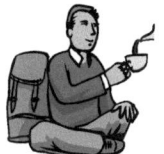

convidat

umushyitsi

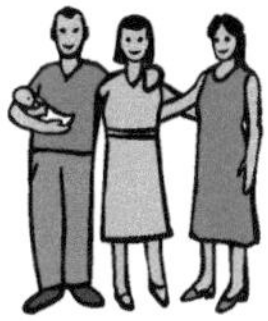

tia

masenge

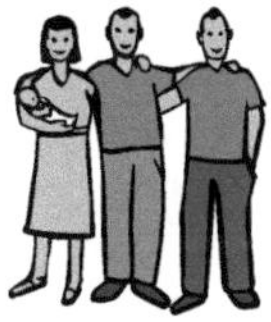

oncle

marume

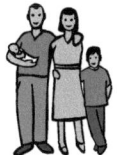

germà

musaza wange

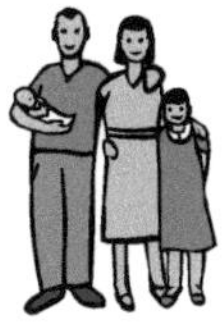

germana

mushiki wange

cos

umubiri

front
agahanga k'imbere
ull
ijisho
espatlla
urutugu
dit
urutoki
cara
isura
barbeta
akananwa
mà
ikiganza
cama
ukuguru
pit
ibere
braç
ukuboko

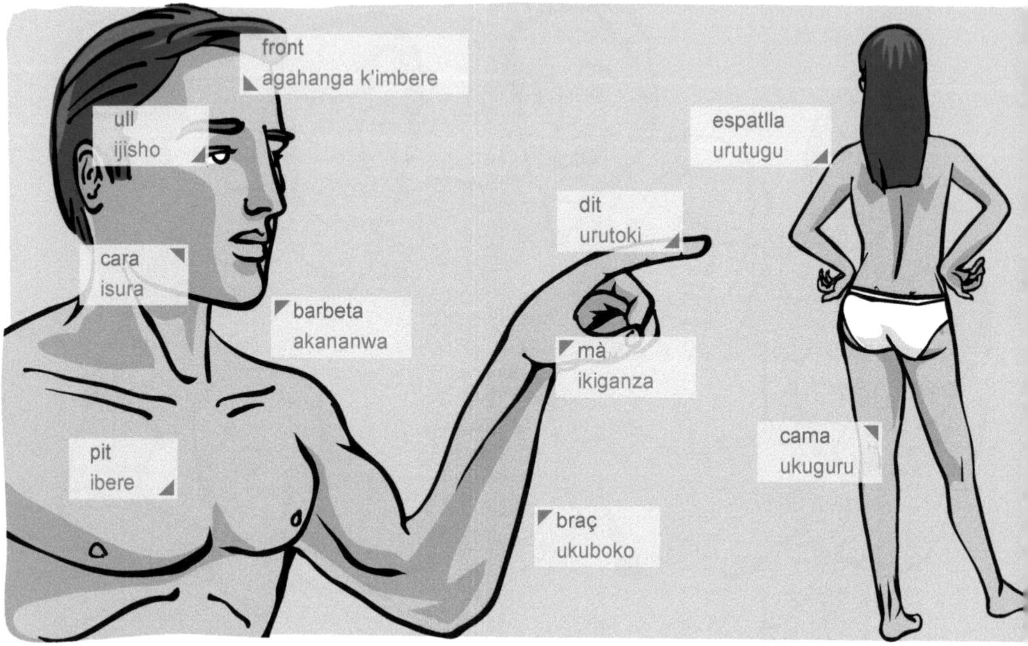

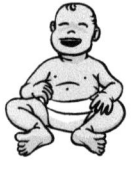

nadó

uruhinja

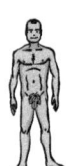

home

umugabo

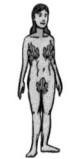

dona

umugore

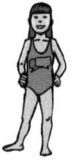

noia

umukobwa

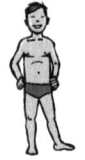

noi

umuhungu

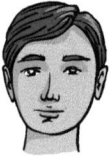

cap

umutwe

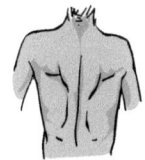

esquena

umugongo

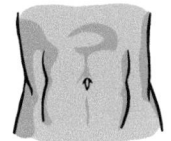

panxa

inda

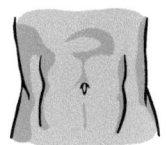

melic

umukondo

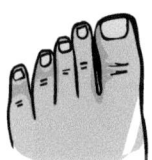

dit gros del peu

ino

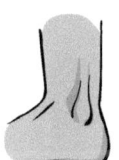

taló

agatsinsino

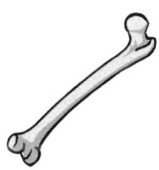

os

igufa

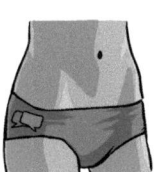

maluc

amayunguyungu

genoll

ivi

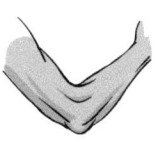

colze

inkokora

nas

izuru

cul

ikibuno

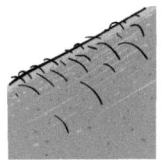

pell

uruhu

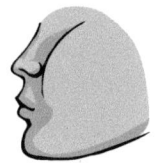

galta

itama

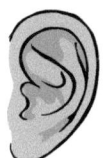

orella

ugutwi

llavi

umunwa

boca

mu munwa

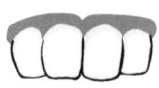

dent

iryinyo

llengua

ururimi

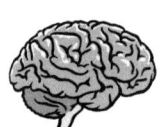

cervell

ubwonko

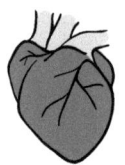

cor

umutima

múscul

umutsi

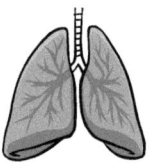

pulmó

ibihaha

fetge

umwijima

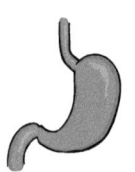

estómac

igifu

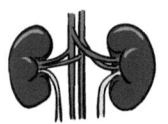

ronyó

impyiko

relació sexual

igitsina

preservatiu

agakingirizo

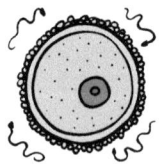

ovari

intanga

semen

amasohoro

prenyat

gusama inda

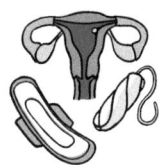

menstruació

imihango

vagina

igituba

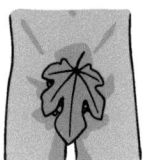

penis

imboro

cella

ibitsike

cabells

umusatsi

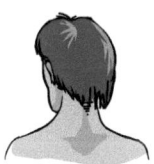

coll

ijosi

hospital
ibitaro

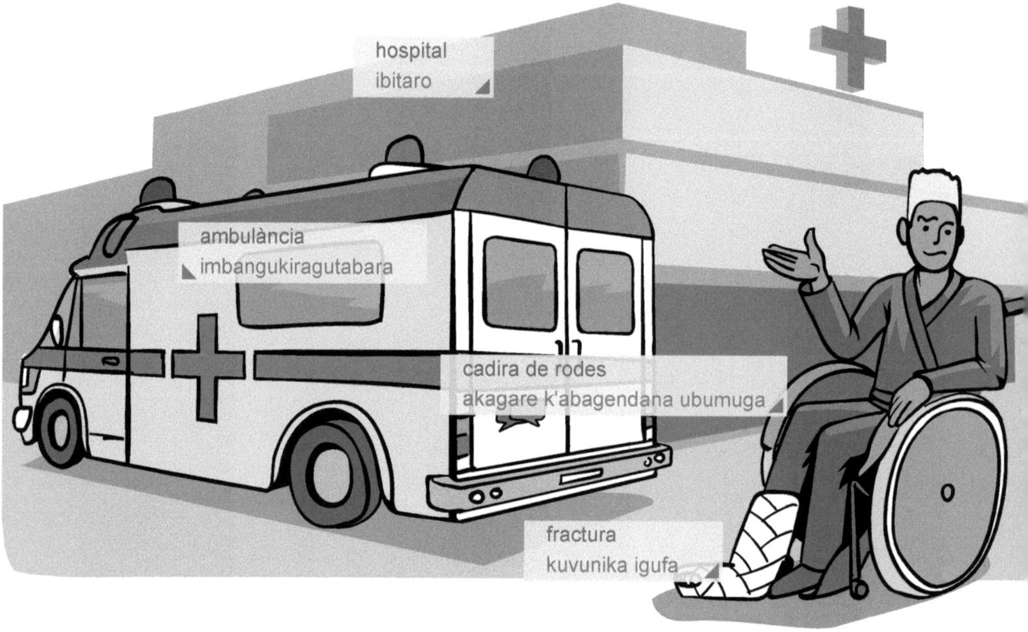

hospital
ibitaro
ambulància
imbangukiragutabara
cadira de rodes
akagare k'abagendana ubumuga
fractura
kuvunika igufa

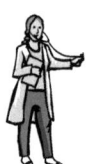

doctora

muganga

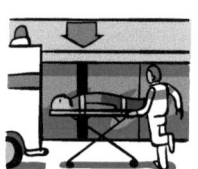

sala d'urgències

icyumba k'indembe

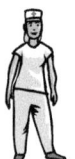

infermera

umuforomo kazi

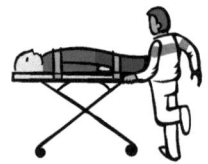

urgència

mu ndembe

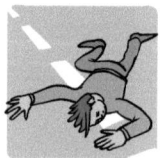

inconscient

guta ubwenge

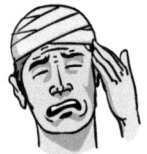

dolor

ububabare

ferida

igikomere

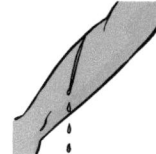

sagnament

kuva amaraso

atac de cor

gufatwa n'umutima

apoplexia

kuziba k'udutsi two mu bwonko

al·lèrgia

kwivumbura k'umubiri

tos

inkorora

febre

umuriro

gripa

ibicurane

diarrea

impiswi

mal de cap

kurwara umutwe

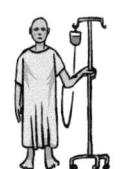

càncer

kanseri

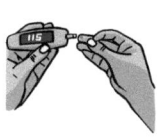

diabetis

diyabete

cirurgià

muganga ubaga

escalpel

icyuma kibaga umurwayi

operació

kubagwa

tomografia computada (TC), TAC

ifoto yo mu cyuma

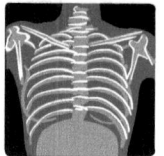

raigs x

radiyo

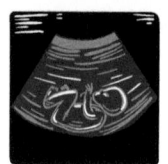

ultrasò

isuzuma rikoresha amajwi

mascareta

agapfukamunwa

malaltia

indwara

sala d'espera

icyumba bategererezamo

crossa

imbago yo kwicumba

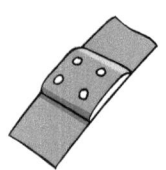

tireta

pasema

embenat

igipfuko

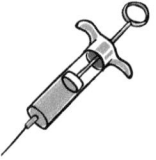

injecció

urushinge

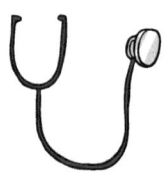

estetoscopi

igipimo cy'umutima

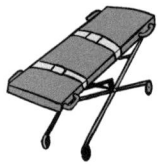

llitera

burankari

termòmetre clínic

igipimo cy'umuriro

pariment

ivuka

sobrepès

umubyibuho ukabije

aparell auditiu

nyunganirangingo y'amatwi

desinfectant

umuti wica mikorobe

infecció

ubwandu

virus

virusi

VIH / SIDA

Virusi itera sida / Sida

medicina

ubuganga

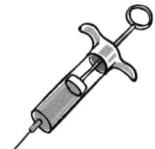

vaccí

gukingira

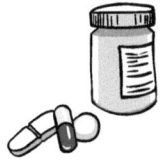

comprimits

ibinini

píl·lola

ikinini

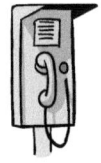

trucada d'urgència

guhamagara byihutirwa

tensiòmetre

igenzura ry'umuvuduko w'amaraso

malalt / sà

urwaye / ufite amagara meza

Socors!

Ntabara!

alarma

inzogera itabaza

assalt

gusagarira

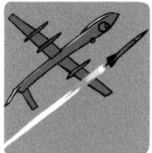

atac

igitero

perill

icyateza amakuba

sortida-eixida d'urgència

umuryango unyuramo ukiza amagara

Foc!

Inkongi!

extintor

ikizimyamuriro

accident

impanuka

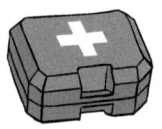

farmaciola de primers auxilis

ibikoresho by'ubutabazi bw'ibanze

SOS

induru itabaza

policia

polisi

Europa

Uburayi

Amèrica del Nord

Amerika y'Amajyaruguru

Amèrica del Sud

Amerika y'Amagepfo

Àfrica

Afurika

Àsia

Aziya

Austràlia

Ositarariya

Atlàntic

Atalantika

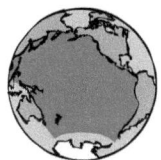

Pacífic

Oasifika

Oceà Índic

Inyanja y'Abahinde

Oceà Antàrtic

Inyanja y'Antagitika

Oceà Àrtic

Inyanja y'Arigitika

pol nord

Amajyaruguru y'Isi

pol sud

Amagepfo y'Isi

Antàrtida

Antaragitika

terra

Isi

país

ubutaka

mar

ikiyaga

illa

ikirwa

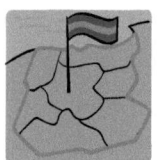

nació

igihugu

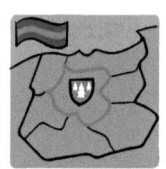

estat

leta

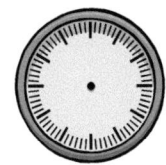

quadrant

kadere y'isaha

agulla de les hores

urushinge rw'amasaha

agulla dels minuts

urushinge rw'iminota

agulla dels segons

urushinge rw'amasegonda

Quina hora és?

ni isaha ki?

dia

umunsi

temps

igihe

ara

nonaha

rellotge digital

isaha y'imibare

minut

iminota

hora

amasaha

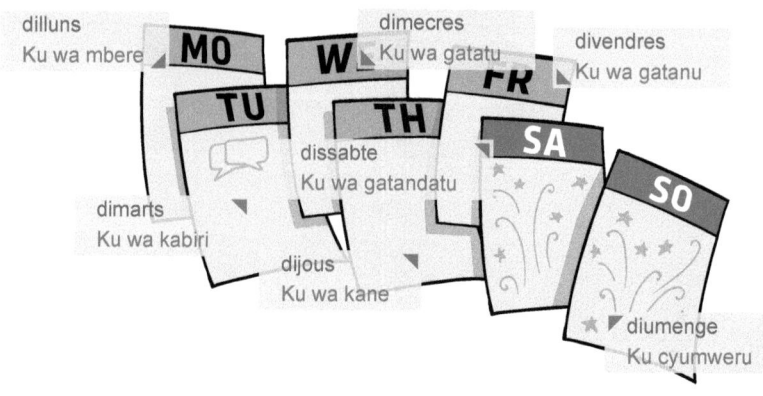

dilluns
Ku wa mbere

dimecres
Ku wa gatatu

divendres
Ku wa gatanu

dissabte
Ku wa gatandatu

dimarts
Ku wa kabiri

dijous
Ku wa kane

diumenge
Ku cyumweru

ahir

ejo hashize

avui

demà

ejo hazaza

matí

igitondo

migdia

saa sita

tarda

ku mugoroba

dia feiner

iminsi y'akazi

cap de setmana

wikendi

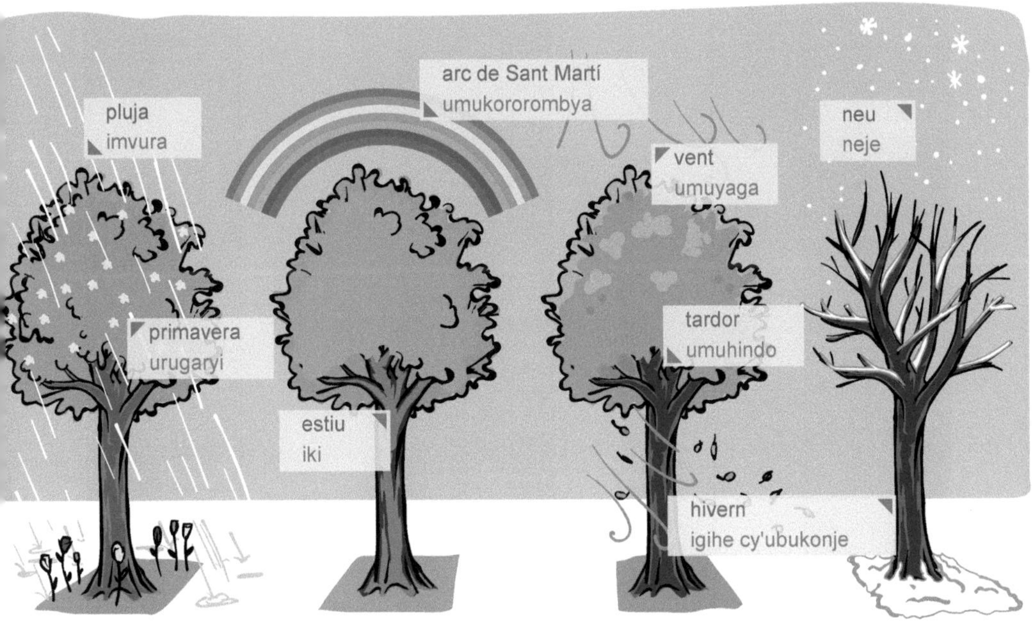

pluja
imvura

arc de Sant Martí
umukororombya

vent
umuyaga

neu
neje

primavera
urugaryi

estiu
iki

tardor
umuhindo

hivern
igihe cy'ubukonje

pronòstic del temps

iteganyagihe

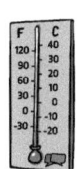

termòmetre

igipimo cy'ubushyuhe

llum del sol

izuba rirashe

núvol

ibicu

boira

ibihu

humiditat de l'aire

ububobere

llamp

umurabyo

tro

inkuba

tempesta

umuhengeri

calamarsa

urubura

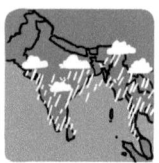

monsó

imiyaga ihuha iturutse mu nyanja

inundació

umwuzure

gel

barafu

gener

Mutarama

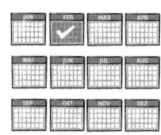

febrer

Gshyantare

març

Werurwe

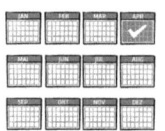

abril

Mata

maig

Gicurasi

juny

Kamena

juliol

Nyakanga

agost

Kanama

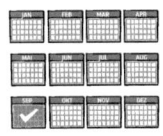

setembre
....
Nzeri

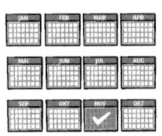

octubre
....
Ukwakira

novembre
....
Ugushyingo

desembre
....
Ukuboza

formes

amaforoma

cercle
....
uruziga

quadrat
....
mpandenye

rectangle
....
urukiramende

triangle
....
mpandeshatu

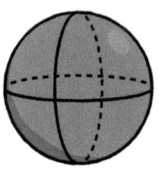

esfera
....
umubumbe

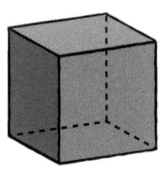

cub
....
kibe

blanc
....
umweru

groc
....
umuhondo

taronja
....
oranje

rosa
....
iroza

vermell
....
umutuku

lila
....
isine

blau
....
ubururu

verd
....
icyatsi kibisi

marró
....
igihogo

gris
....
ikigina

negre
....
umukara

molt / poc

byinshi / bike

emprenyat / tranquil

urakaye / utuje

bonic / lleig

mwiza / mubi

començament / fi

intangiriro / impera

gran / petit

kinini / gito

clar / fosc

gikeye / kijimye

germà / germana

musaza / mushiki

net / brut

gisukuye / cyanduye

complet / incomplet

kirangiye / kitarangiye

dia / nit

umunsi / ijoro

mort / viu

wapfuye / muzima

ample / estret

hagari / hafunganye

comestible / immenjable

kiribwa / kitaribwa

dolent / amable

umugome / ugwa neza

entusiasmat / entediat

ushishikaye / warambiwe

gros / prim

ubyibushye / unanutse

primer / darrer

mbere / nyuma

amic / enemic

inshuti / umwanzi

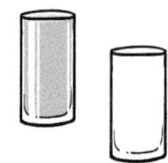

ple / buit

cyuzuye / kirimo ubusa

dur / tou

gikomeye / cyoroshye

pesant / lleuger

kiremeye / kitaremereye

gana / set

inzara / inyota

malalt / sà

urwaye / ufite amagara
meza

il·legal / legal

kemewe n'amategeko /
kibujijwe n'amategeko

intel·ligent / ximple

umunyabwenge / igicucu

esquerra / dreta

iburyo / ibumoso

prop / llunyà

hafi / kure

nou / usat

gishya / cyakoze

res / quelcom

nta kintu gihari / hari ikintu gihari

vell / jove

ushaje / muto

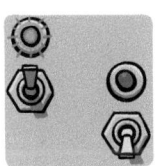

encès / apagat

atsa / zimya

obert / tancat

gifunguye / gifunze

silenciós / sorollós

ucecetse / usakuza

ric / pobre

ukize / ukennye

correcte / incorrecte

ni byo / si byo

aspre / suau

hahanda / hahehereye

trist / content

urakaye / wishimye

curt / llarg

mugufi / muremure

lent / ràpid

urandaga / wihuta

humit / sec - eixut

utose / wumye

calent / fred

ashyushye / ahoze

guerra / pau

intambara / amahoro

0

zero

zeru

1

u

rimwe

2

dos

kabiri

3

tres

gatatu

4

quatre

kane

5

cinc

gatanu

6

sis

gatandatu

7

set

karindwi

8

vuit

umunani

9

nou

icyenda

10

deu

icumi

11

onze

cumi na rimwe

12

dotze

cumi na kabiri

13

tretze

cumi na gatatu

14

catorze

cumi na kane

15

quinze

cumi na gatanu

16

setze

cumi na gatandatu

17

disset

cumi na karindwi

18

divuit

cumi n'umunani

19

dinou

cumi n'icyenda

20

vint

makumyabiri

100

cent

ijana

1.000

mil

igihumbi

1.000.000

milió

miliyoni

anglès

Icyongereza

anglès americà

Icyongereza
cy'Abanyamerika

xinès mandarí

Igishinwa k'ikimandarini

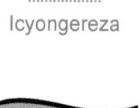

hindi

Igihindi

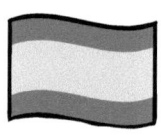

espanyol

Ikesipanyoro

francès

Igifaransa

àrab

Icyarabu

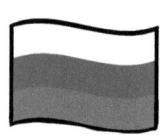

rus

Ikirusiya

portuguès

Igiporutigari

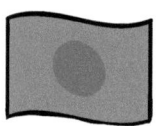

bengalí

Ikibengari

alemany

Ikidage

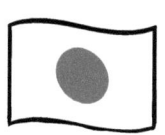

japonès

Ikiyapani

jo

ge

tu

wowe

ell / ella / allò

we / we / we

nosaltres

twe

vosaltres

mwe

ells

bo

qui?

nde?

què?

iki?

com?

gute?

on?

hehe?

quan?

ryari?

nom

izina

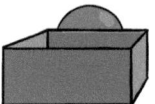

darrere

inyuma

en

mo imbere

davant de

imbere ya

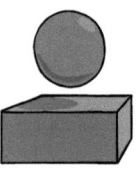

damunt

hejuru ya

sobre

kuri

sota

munsi ya

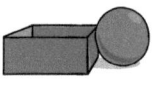

al costat

iruhande

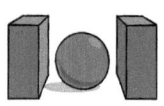

entre

hagati

lloc

ahantu